JN003263

PAN YANRI

声楽曲選集

光の花束

―花々の舞―

ハンナ

PAN YANRI

方 良里　声楽曲選集

光の花束－花々の舞－

目　次

アマリリス

作詩 方 良里　　作曲 山本 学

アマリリスの奏でる四重奏《カルテット》に
耳を傾けると
世にも珍しい音色が響き
聞く者の心を揺さぶり
眠っていた何かを目覚めさせてくれる

心に溶けては流れていく
あふれる思いを音楽に託し

その音色に魅了され
夢からさめたあとのように恍惚《こうこつ》として
かすかなうめき声を耳にして
時間の経過とともに　流されていく

13
f
み み を か た む け る と
f
17
mp
よ に も め ず ら し い ね い ろ が ひ び き
mp
21
mf
き く も の の こ こ ろ を ゆ さ ぶ り
mf
25
f
ね む っ て い た な に か を め ざ め さ せ
f

poco rit.
a tempo
て く れ る
poco rit.
a tempo
mf
こ こ ろ に と け て は
mf
な が れ て い く ー
f
mf
あ ふ れ る お も い を お ん が く に
f
mf

43
た く し
47
mp
そ の ね い ろ に ー
mp
51
み りょ ー う さ れ ー
55
f
ゆ め か ら さ め た あ と の よ う に
f
mf
mf

59
こう こつとして ー
62
rit.
meno mosso
p
かすかな うめきごえを
rit.
meno mosso
p
66
みみにして
じかんの けいかとも
70
にながされていく

アネモネ

作詩　方 良里　　作曲　山本 学

コロラトゥーラの歌声に魅了され
身をすりよせ
頬《ほお》をそめて
愛らしく笑うアネモネたち

うねり流れる水のなかで
水の精たちの霧のような踊りを
まのあたりにしていると

いつしか生まれくる命の息吹きを感じ

夢見心地のうちにリズムをとって
アネモネたちの咲き乱れるようすを
じっとみつめている

5
り よ せ ほ お を そ め て あ い ら し く わ ら う
7
f appassionato
アネモネ たち うねり ながれる みず のなかで
f
9
みずのせいたちの きりの よう なおどりを ー
11
まのあたりにして いる と ー

13
い つ し か　う ま　れ く　る　い の ち の い ぶ き を か ん じ
15
ff
ゆ め み ご こ ち の　う ち に　リ　ズ ム　をとっ　て
ff
17
ff
ア ネ モ ネ　た ち　の　さ き み だ れ る よう　す を
19
mp
じっ　と み て い る　じっ　と み て い る
mp
7
f

ネリネ

作詩 方 良里　作曲 山本 学

ネリネを首に巻きつけた
あどけない一人の少女

目覚めとともに 小さな鏡をのぞきこむと
もう一人の少女が
少しねばけた顔で微笑んでいる

互いの耳もとにささやきかける
その声のぬくもりは
冷えきった心を暖めてくれる

窓からさしこんだ光のもと
一日のはじまりを心待ちにしながら
二人の少女は 大きくひとつ 伸びをする

9
f decresc.
しょ う じょ め ざ め と
f decresc.
12
と も に ち い さ な か が み を の ぞ き こ む と
16
f decresc.
もう ひ と り の しょ う じょ が す こ し ね ぼ
f decresc.
19
mf
け た か お で ほ ほ え ん で い る た が い の
mf

22
みみもとに ささやきかける その
26
f decresc.
こえのぬくもりは ひえきっ
f decresc.
30
f decresc.
たー こころを あたた
f decresc.
34
mf dolce
めてくれーる まどから
mf dolce

38
さしこんだ　ひ　かりの　も　と　いちにち　の
42
はじまりを　こころまちに　しなが　ら
45
mp
ふたりの　しょうじょ　は　おおきく
48
rit.
ひとつ　のびをする

クッカバラ

作詩 方良里　作曲 山本学

胸さわぎをおさえつつ
気ぜわしいクッカバラのおしゃべりに
耳を傾けると

いくつもの会話からぬけでてきた
ことばの実の粒たちが
我先にと争って空間にとびだしていき
互いに さかんに何かをいいあっている

たくさんのことばの実の粒たちは
それぞれに意見を持ち
丸い輪をつくって順番にしゃべり始めた

しなる弓のように
弾いてははねかえす ことばのやりとりは
永遠の時を刻むかのように長く続いた

11
わ から ー ぬ け で て き た ー こ と ば の み の
15
mf
つ ぶ た ち が わ れ さ き に と あ ら そっ て く う
mf
18
か ん に と び だ し て い き ー た が い に さ か ん に
21
な に か を いい あ っ て い る た く さ ん の こ と ば の

24
mp
みのつぶたち は それ ぞれに いけんを もち まる
mp
28
い わ を つ くっ て じゅんばんに しゃべりはじ め
32
mf
た ー しな る ゆ み の よ うにはじ
mf
36
い て は はね か え す こと ば のや り

39
f
とりはー え い えんの ときをー き ざ むかの
f
43
mf
よ うにー な が くつづいた ルル ルル ル ルルル
mf
47
ル ルル ルル ルル ル ルルル ル ルル ラ
50
ラ ラ ラ ラ ラララ ラ ラ ラ ラ ラ

チャイナグラス

作詩 方 良里　作曲 山本 学

少しおどけたチャイナグラスの
哀しく愛らしい姿を垣間みて

口笛を吹きながら
横目で目配せすると

邪悪な心と嫉妬の渦まく花たちの
饗宴に招かれた一人の男が

琥珀色の氷をうかべたグラスから
その色をにじませて
いつの日か約束を果たそうと
チャイナグラスの名を呼びながら
息絶えた

7
3
しくあいらしいすが たをかいまみて
mf
11
mf
くちぶえを ふき ながら
15
♩=92ca.
f
よこめでめくばせ すると ー ー ー じゃ ーあくな
f
19
ここ ろと しっ との うず まく ー

22
は ーなたち の きょう え ん にー まね
25
か れたー ひとり の おと こ が こ は
28
く い ろ の こおりをうかべ た グ ラ ス
32
か らー ー そ のいろをに

35
じ ま せ て　い つ の ひ ー か　や ー く そ く
39
を は た そ う と ー チャイ ナ グ ラ ス の な を よ び な が
43
ら い ー き た え た
46
Grave
mp
い き た え た
mp
p

アンスリウム

作詩　方 良里　　作曲　塚本一実

扉の向こう側に立ち
手まねきして
私を呼びよせたあの日のあなた

いつしか帰らぬ人となり
空回りした現実の輪の中で

いくつもの夢をくりかえし
人生に彩りをそえる思い出

魂の叫びに忠実に
追い求めるものは
アンスリウムの花にも似て
大きな芽をふくだろう

7
て ま ね き し て わ た し を よ び よ せ た あ の ひ の あ な た
10
mp
ー い つ し か か え らーー
tr
13
p
ぬ ひ と ー ー と な り か ら ま わ り ー し た
16
mp
p
げ んじーー つ の わ の ー ー な か で
cresc.

mf mp mf
いくつものゆめをー
くりかえしー
じんせいにいろどりを
mp cresc. f
そえるおもいで ー
たましいのさけびにちゅう
じつにおいもとめるものは
ff
アンスリウムのはなにもにて
おおきなめを ふくだろう

ライラック

作詩　方 良里　　作曲　アベタカヒロ

特別な日

カゴの中に
ライラックをたくさんつめこんで

視線を躍らせながら
リズムをとって 駆けていく

森の中をさまよい歩き
小枝の間からのぞきこんで
そっと小声で口ずさんでみると

いくつもの空気の輪から躍りでた
水の妖精たちが
浄化された魂とともに
天に昇っていった

11
mp
15
mp
カ ゴ の な か に
ライ ラッ ク を た く さん
(mp)
18
た く さん
つ め こ ん
21
で ー
p

23
f
しせん を おどらせながら
f
25
しせん を おどらせながら
27
p leggiero
リズム をとって
(♪=♪)
かけて い
p leggiero
29
f
く
Calmato ♩.=44 ca.
f
p

32
p
も り の な か ー ー を
35
さ ま よ い あ る ー き こ え だ の あ
38
rall.
い だ か ら の ぞ き こ ん ー で
rall.
41
a tempo
pp
そっ と こ ご え で く ち ず さ ん で み る と ー
rall.
a tempo
rall.
pp

Un poco meno mosso
44
mp
いくつもの くうきの
p
46
わからおどり でたー
Più mosso ♩.= 48 ca.
48
みずの ようせいたち が
mp
50
rall.
f
じょうかされた たましいとも
rall.
mf

52
♩.= 38 ca.
mp
poco a poco dim.
に
て ん に のぼっ て
mp poco a poco dim.
54
smorz.
ー
いっ た
8va
ppp
Tempo I ♩.= 48 ca.
56
mp
59
62
rall.
Lento
pp

ダリア

作詩　方 良里　　作曲　アベタカヒロ

暖かく咲きほこる
ダリアたちにかこまれて

伏しめがちな一人の少女が
静かに祈りを唱えはじめる

死ととなりあわせた
生をまのあたりにし

ダリアたちと少女は
絶望から希望をうみだそうと
渾心《こんしん》の思いをもって
神に祈りをささげる

10
mp
p
ダ リ ア た ち に か こ ーまれてー ふ し め が ち な
13
rall.
ひ と り の しょう じょ が し ず か に ー し ず か に ー
rall.
a tempo
16
p
しずかにいのりを となえはじめる
a tempo
p

poco allargando
Molto espressivo ♩=82 ca.
しと となり あわせた
poco allargando
cresc.
せいをまのあ たりにし
ダリアたち と
しょうじょは
ぜつぼうか ら きぼうを

poco rall.
Sostenuto ♩=60 ca.
sub. p
うみだそ う と ー
うみだそーう
poco rall.
sub. p
Tempo I ♩=68 ca.
と こんしん の おもいを もって
かみに いのりを ささ げる
tranquillo

カトレア

作詩 方 良里　作曲 加藤新平

貴婦人たちは
優雅なカトレアを身にまとい
舞踏会へと出かけていく

室内に入ると
彼女たちは 音楽の流れに身をまかせ
軽やかなステップを踏みながら
仮面をつけたり はずしたり──

街のざわめきから遠ざかり
優雅に切りとられた空間の中で

彼女たちは
まわり 踊り
時間は流れていくのだった

13
く
mf
Ped.
17
mp
しつないに はいる
Ped.
21
cresc.
と かのじょたちは おんがくの ながれにみを
Ped.
25
f
まかせ かろやかな ステップを ふみ
Ped.

29
mf
mp
p
な が ら
か め ん を
つ け た り
は ず し た
mf
mp
p
Ped.
33
り
8va
pp
Ped.
37
pp
ま ち の
ざ わ め き か ら
と お ざ か
(8va)
pp
Ped.
41
cresc.
り
ゆ う が に
き り と ら れ た
く う か ん の
(8va)
cresc.
Ped.

rit.
a tempo
mf
な か で
か の じょ
(8va)
た ち は
f
ま わ り
お ど り
ま わ り
お ど り
mf

58
mf
じ かん は な がれ
Ped.
61
mp
て い く の だっ
mp
Ped.
64
rit.
た ー
rit.
dim.
Ped.
68
a tempo
f
pp
Ped.

ラナンキュラス

作詩 方 良里　　作曲 加藤新平

ラナンキュラスの香りに包まれて
至福の階段をのぼっていくと
甘く 苦い味のする水をたたえた
あふれでる泉に出あった

その横には
器に盛られた果実が並んでいる

泉の妖精にさしだされるまま
果実を手にとり 口へと運ぶ

はじける果実の汁
甘美な味わい

紅潮した頬《ほお》からは 歓喜の表情がこぼれ
口はとざしたまま
至福を かみしめる

7
mf
pp cresc.
あまくにがいあじのする
みずをたたえた
あ ふ れ で る
10
f
いずみにーであった
dim.
13
p
そのよこにはー
16
mp
うつわにもられた
かじつがー
ならんでい
Ped.

19
mf
る
p
いずみのようせいに
mf
dim.
p
※
22
さしだされるまま
かじつをてにとりくちへと
はこぶはこぶはこぶ
25
ff
はじけるー
かじつのしる
かんびなあじわい
ff
Ped.
Ped.
Ped.
28
ー
mp
こうちょうした
mp
Ped.
Ped.

30
ほ お か ら は
か ん き の ひょ う じょ
Ped.
Ped.
32
p
う が こ ぼれ
く ち は
と ざ し た ま ま
p
Ped.
Ped.
Ped.
35
し ふ く を ー
か み し め る
ー
pp
Ped.
Ped.
Ped.
38
8va
Ped.
Ped.
Ped.

シンビジウム

作詩　方 良里　　作曲　加藤新平

シンビジウムの優雅な身ぶりを真似て
突然現れた女性たちが
こぞって美しさを競いあう

邪悪な心を鏡にうつし
魔の花の女王に
シンビジウムの罪を問うてみると

愛と憎しみの狭間で
荒れ狂うシンビジウムの香りの波に
呑まれそうになりながら

女性たちの姿は
香水の匂いとともに消えてなくなった

き そ い あ う
dim.
じゃ あ く な
Ped. Ped.
こ こ ろ を か が み に う つ ー し
simile
ま のはなの じょ お う に シンビジウムの つ み

22
ff
を　と　う　て　みると　あ　い　ー　と　に　く　し　み　の
ff
25
は　ざ　ま　で　あ　れ　く　る　う　シ　ンビジウムの
Ped.
Ped.
28
か　おりのなみに　の　まれ　そ　う　に　なりな　がら
simile
31
mf
dim.

34
p
じょ せい たち の す が た は
p
simile
37
こうすいの におい と と も に
40
き え ー て
43
pp
な くなっ た ー
mf
p

ベロニカ

作詩　方 良里　　作曲　加藤新平

幻と化したベロニカの花粉を
手のひらに受けて

祈りをこめて綴られた手紙に
夢のまたたく合間をぬって
返事をかく

しかし
手紙の返事は
クレオパトラの怒りを買い

彼女は
艶めきたって
あでやかなその姿を現して
獅子のように頭をふった

♩=108
mf
いのりを
cresc.
こめて つづられた てがみに
f
ゆめの
またたく あいまをぬって へんじをかく
♩=120
ff
しかし
mf
てがみのへんじは
クレオパトラ
pp

の
いかりを　かい　ー
かのじょは　つやめきたって　あでやかな　そのすがたをあらわし
て　しし の　ー ように　あたまを　ふっ
た

ヒガンバナ

作詩 方良里　　作曲 加藤新平

愛の炎に包まれて
天まで届くかと思うほど燃えあがる
ヒガンバナ

火ぶたを切ってでた
現実という天空に
手のひらをかざしてみると

運命に翻弄された
ヒガンバナの行く末が

人間たちの思惑とともに
未知である来世へとつながっていく

てんまで とどくかと おもうほど
もえあがる
ヒガーンバ
ナー

17
mf
ひぶたをきっ　てでた
mf
19
ひぶたをきっ　てでた
p
cresc.
げんじつという
p
cresc.
21
てんくうにー
mf
てのひらを
mf
23
かざしてみると
うんめいに　ほんろうされた
Ped.

ヒ ガ ン バ ナ の ゆ く す え が ー
にんげんたちの おもわくと と も に み ち で あ る ら い せ へ と ー
ら い せ へ と ー つ な が っ て い く ー

サンダーソニア

作詩　方 良里　　作曲　加藤新平

部屋の片隅で
一人ふてくされたように咲いている
サンダーソニアをみつめながら

窓からいつもの景色に視線をあわせると

幾晩もの涙のあとに
乾いた唇からこぼれおちた
ことばの粒たちが

心のとがを許して
冷たい風の中を
舞うように散っていった

ふ て く さ れ た よ う に さ い て い る
サ ン ダ ー ソ ニ ア を ー み つ め な が ら
ま ど か ら い く つ も の け し き に し せ ん
を あ わ せ る と

27
p
いくばんもの
dim.
simile
31
なみだのあとに
かわいた
くちびるから
35
f
こぼれおちた
ことばの
つぶたち
Ped.
40
p
が
こころのとがをゆるして

つめたい かぜの
なかをー まうように
ちっていったー

クルクマ

作詩 方 良里　　作曲 加藤新平

燃えあがる太陽の熱にさらされて
乱れ舞うクルクマたちよ

罪なき者を苦しめぬように
手のひらをのせてなだめると

時空を超えてなお
色あせないクルクマたちは

麗しい衣で身を包んだ
精霊たちに囲まれて
時を忘れて
舞いつづける

7
み だ れ ま う ー ク ル ク マ た ち よ
Ped. Ped. Ped. Ped.
10
mp
ー つ み な き ー も の を く る し め ぬ よ う に
mp
Ped. Ped. Ped.
simile
13
mf
て の ひ ら を の せ て な だ め る と じ く う を こ
p
mf
Ped. Ped.
16
ー え て な お い ろ あ せ な い ー
simile

19
クルクマたちは クルクマ
22
たちはー うるわしい
f
25
ころもで うるわし
mf
28
い ころもで

31
みを つつんだ
せいれいーたちに
34
かこまれて ときを わすれて ときを わすれて
simile
37
まいつづける まいつづける
39
まいつづける

グロリオーサ

作詩　方 良里　　作曲　加藤新平

満面に日の光を浴びながら
わがままに咲き誇るグロリオーサ

その顔は 自信に満ち
輝きを増して
頬《ほお》をなでる風を心地よく感じている

女王のような威厳を持ち
いばらの冠を頭にのせ

意気揚々と
ヴェールの上を
舞うように歩いていく

そのかおは じしんにみち かがやきを まして
ほおをなでる かぜを ここちよく
かんじている ー
じょおうの

26
ようないげんをもち　いばらのかんむりを
31
あたまにのせ
mp
35
mp
いきようようと　ヴェールのうえ
38
f
をまうようにまうように
f
Ped.

41
mp
ま う よ う
に
あ る い て
ゆ
45
く
ー
50
f
54
p
pp
rit.
Ped.

クレマチス

作詩 方 良里　作曲 西田直嗣

クレマチスに頬《ほお》をよせ
微笑むあなた

蜜月の終わったクレマチスは
じゃれつく仔犬をふりはらいながら

語りつがれてきたことばたちによって
新しく開かれた道を歩いていく

疲れをいやすために
影をおとして佇《たたず》むその様子は

倦怠感と同時に流れでる情感とともに
幻の中に生きて

今をみつめる自分がいる

13
17
mf
み つ げ つ の お わ ー っ た ク レ マ チ ス は
mp
21
じゃ れ つ く こ い ぬ を
ritenuto
f
ふ り は ら い な が
ritenuto
mf
24
ら
poco rall.
sostenuto
poco rall.
a tempo
mf
か た り つ が れ て
a tempo

27
きた ことばたちに ー よーっ て
30
あたらしく ひらかれたみちを あるい
33
ていく つかれをいやすために かげ
36
をおとして たたずむ そのようすは

けんたいかんと どうじにながれでる じょうかんと とも
に まぼろしの なか
rall.
sostenuto
rall.
poco rall.
poco rall.
に いきて いまをみつめる
じぶんが い る

ニゲラ

作詩　方 良里　　作曲　西田直嗣

靄《もや》のすきまから
かすんで見えるニゲラの姿

右に左に揺れ　首をかしげ
何かを訴えている

内に秘めた感情を
少しずつ吐露しているのだ
時には陽気に　時には寂しげに

靄の中で揺れながら
一日はゆっくりと過ぎていき

朝には天に肢体を向けていた花たちも
夜半になると 頭《こうべ》をたれて休息する

明日という日を迎えるために

10
poco animato
た
み ぎ に　ひ だ り に
poco animato
13
rall.
ゆ れ　く び を　か し げ　な に か を　うっ　た え て　い
rall.
16
a tempo
rall.
p
る
う ち に　ひ め た
a tempo
rall.
p
19
mp
か ん じょ う を　す こ し ず つ と ろ　し て　い る の

22
rall.
a tempo
だ
と き に は よ う き に
25
と き に は さ び し げ に
も や の な か で
ゆ れ な が ら
28
rall.
a tempo
い ち に ち は ゆっ く り と す ぎ て い き
31
rall.
a tempo
mf
mp
あ さ に は て ん に
し た い を む け て い た

meno mosso
rall.
a tempo
はなー　ーたちも
やはんになるとー
R.H.
L.H.
rall.
こうべを　たれて　きゅうそく　する
poco accel.
rit.
meno mosso
あすという　ひを
Allargando
むかえる　ために

ポインセチア

作詩　方 良里　　作曲　西田直嗣

雪のちらつく中
道ゆく人々の目を
鮮やかにとらえるポインセチアたち

ふくよかさと可憐さをあわせもち
人間の問いかけに呼応してくれる

気に入られたものは買われていくが

残った花たちは
夜のしじまの中で 静かにささやきあう

「明日はどなたかが求めてくれますように」

そして
ポインセチアたちは
また一晩の眠りにつく

rall.
mf
espress.
12
ポインセチアたち
ふくよか
rall.
mp
16
a tempo
さと かれんさを
あわせ もち
にんげん
a tempo
20
poco rall.
の といかけに
こおう してくれる
poco rall.
24
a tempo
mp
きにいられたものは
かわれ てー いく
a tempo
pp

27
mf
が
のこっ たはなたち は
mp<
30
よるのしじまの なかで しずかに
33
poco rall.
mp a tempo
ささやき あう
あしたはあしたは
poco rall.
a tempo
p
36
どなたかが
もとめてくれます ように

39
mf
mp
あしたはあしたは どなたかが もとめてくれます
42
ように そして ポイ
brillante
p
mp
mf
45
ンセチア たちは また ひとばんのねむり
meno mosso
rall.
48
につく
rit.
brillante
rit.
8va

ブルースター

作詩 方 良里　　作曲 西田直嗣

ブルースターをちりばめて
満天の星空のような空間を形づくる

目をうるませて
流れおちるブルースターのしずくは
パールの粒にも似て

その重さと輝きをとじこめて
あなたの瞳の中に
映しだされていく

いつまでも
その輝きを忘れないために

ほ し ぞ ら の よ う な
く う か ん を か た ち づ く る ー
め を う る ま せ て
な が れ お ち る ー ブ ル ー ス タ

22
f
3
ー のー しずくは パールの
mf
26
rall.
つぶにも にて ー
rall.
30
poco meno mosso
mf
rall.
a tempo
mp
その おもさと かがやきを とじこめ
poco meno mosso
mp
rall.
a tempo
p
33
rall.
a tempo
て とじこめて あなた
rall.
a tempo

rall.
ritenuto
rall.
mf
の ひとみの なかに うつしだされて
L.H.
a tempo
f
ー い く
espress.
Ah
6
mp
ritenuto
Ah
meno mosso
mf
いつまでも その かがやきを
mp
8va
5
3

meno mosso
rall.
48
f
わすれないために
meno mosso
rall.
mf
51
mf
Tempo I
わすれないために ー ー
mp
54
57
rit.
p

〈著者プロフィール〉

方　良里（パン　ヤンリ）

1964年、東京都生まれ。
日本ペンクラブ会員。

―――― あとがき ――――

フラワーアレンジメントの世界に身を置いていた頃、お花と言葉のコラボレーションを作品にしてみよう、との思いから、拙著《光の花束―花々の舞―》を出版いたしました。

今回、その38の詩篇の中から20篇を選び、作曲家の方々にお願いして声楽曲選集とさせていただくことができました。

歌を愛する方々に手に取っていただき、楽しんでいただければ幸いです。

曲集の制作にあたり、お世話になった井澤彩野氏に心よりお礼を申し上げます。

方　良里

方　良里　PAN YANRI 声楽曲選集

光の花束 ―花々の舞―

2024年1月28日　初版第1刷発行

著　者　　方　良里
発行者　　井澤彩野
発行所　　株式会社ハンナ
〒153-0061　東京都目黒区中目黒3-6-4 電話03-5721-5222　FAX 03-5721-6226
浄書・印刷　株式会社ホッタガクフ

©PAN YANRI HANNA Co.Ltd, 2023 Printed in Japan この音楽著作物の全部または一部を権利者に無断で複製(コピー)することは、著作権の侵害にあたり、著作権法により罰せられます。乱丁本、落丁本は送料弊社負担にてお取り替えいたします。